Doris Doppler

Kunden gewinnen mit Fallstudien

Content Marketing Guide 1

ISBN-10: 1479284572 | ISBN-13: 978-1479284573

Das Werk einschließlich aller seiner Teile ist urheberrechtlich geschützt. Jede Verwertung – auch auszugsweise – ist nur mit Zustimmung der Verfasserin erlaubt. Die Inhalte dieses Buches wurden von der Verfasserin sorgfältig erarbeitet und geprüft. Die Verfasserin übernimmt jedoch keine Gewähr für die Richtigkeit, Vollständigkeit und Aktualität der Inhalte. Jegliche Haftung ist somit ausgeschlossen.

Copyright © 2012 Doris Doppler. Alle Rechte vorbehalten.

Erschienen im Eigenverlag: Doris Doppler, Innsbruck

web: www.textshop.biz | www.ddoppler.com
mail: office@textshop.biz

Printed in Germany by Amazon Distribution GmbH, Leipzig

INHALT

Content Marketing: Mit Inhalten überzeugen 1

Die Grundlagen

Was sind Fallstudien? 5
Vorteile von Fallstudien 7
Nutzung von Fallstudien 10

Die Arbeit mit dem Kunden

Relevanz prüfen 17
Kunden auswählen 19
Kunden überzeugen 22
Kunden interviewen 24
Das Projekt beenden 27

Der Aufbau der Fallstudie

Der Titel 31
Das Problem 33
Die Lösung 36
Das Ergebnis 38
Der Schluss 40

Schreiben und gestalten

Aus Sicht des Kunden schreiben 45
Nutzen betonen 46

Mit Emotionen arbeiten...48
Zitate einsetzen 50
Subheads einfügen 53
Gut formulieren 55
Tipps fürs Layout...58

Literatur..61
Die Autorin...63

Content Marketing: Mit Inhalten überzeugen

Ein Vorwort.

Angenommen, Sie verkaufen Schuhe und wollen sie auch über einen Mobile Shop vertreiben. Sie lassen sich von mehreren Anbietern Unterlagen schicken und vergleichen sie. Was überzeugt Sie mehr: eine Broschüre, die die Shoplösung in den Himmel lobt oder eine Fallstudie, die zeigt, wie der Mobile Shop einem Schuhhändler 630.000 Euro Umsatz im ersten Jahr gebracht hat?

Wahrscheinlich zweiteres.

Und genau darin liegt die Stärke von Content Marketing: Es geht um Informationen, die dem potenziellen Kunden weiterhelfen – in Form von Fallstudien, White Papers, eBooks, Blogs, Videos, Anleitungen etc.

Anders als bei herkömmlichen Flyern, Anzeigen oder Broschüren steht nicht das beworbene Produkt im Mittelpunkt, sondern wertvolles Wissen und spannende Unterhaltung. Kurz: Sie bieten dem Kunden nützlichen Mehrwert und machen sich dadurch attraktiv.

Mit Content Marketing präsentieren Sie sich als hilfreicher Experte, als kompetenter Berater. Sie tauschen Inhalte gegen Vertrauen und Loyalität. Sie kommunizieren, ohne zu verkaufen. Und profitieren schließlich von höheren Umsätzen.

Wie Sie dabei in der Praxis vorgehen und Fallstudien, White Papers & Co erstellen, erfahren Sie in meiner Buchreihe „Content Marketing Guide" – schlanke Ratgeber für viel beschäftigte Praktiker.

Viel Erfolg und allzeit guten Umsatz!

Doris Doppler

Die Grundlagen

Was sind Fallstudien?

Worum's bei Case Studies geht.

Fallstudien erzählen Erfolgsgeschichten. Sie berichten darüber, wie ein Kunde ein bestimmtes Problem mit Ihrem Produkt oder Ihrer Dienstleistung gelöst hat. Zum Beispiel, wie ein Krankenhaus mit Hilfe Ihrer Software das Dokumentenmanagement in den Griff bekommen hat.

Mit Fallstudien zeigen Sie, wie Ihre Leistung in der Praxis funktioniert und werfen einen Blick hinter die Kulissen. Sie vermitteln die Perspektive des Anwenders – der Leser erfährt, wie Ihr Produkt Unternehmen unterstützt, die in einer ähnlichen Situation sind wie er selbst. So macht die Fallstudie den potenziellen Käufer neugierig, baut schon im Vorfeld Kaufhemmnisse ab und ist daher ein wirksames Marketingtool.

Dazu kommt die hohe Glaubwürdigkeit: Case Studies vermitteln die Zufriedenheit Ihres Kunden auf informative und emotionale Weise. Sie loben sich nicht selbst, sondern werden gelobt – und das überzeugt.

Fallstudien eignen sich vor allem für erklärungsbedürftige Produkte und Services, etwa in technologischen Branchen. Je komplexer Ihr Angebot, desto mehr profitieren Sie von Case Studies. Denn sie zeigen Ihre Leistung quasi „am lebenden Objekt" und verkaufen damit besser als abstrakte Werbetexte.

Klassische Fallstudien umfassen meist ein oder zwei Seiten und sind nach dem Schema „Problem – Lösung – Ergebnis" aufgebaut. Sie enthalten Fotos, Grafiken und vor allem Kundenzitate. Fallstudien sind leicht verständlich geschrieben; es geht nicht um kleinste technische Details, sondern um einen ersten Eindruck Ihrer Leistungsfähigkeit.

Info

Relevanz bei Kaufentscheidungen.

In einer US-amerikanischen Studie aus dem Jahr 2011 wurden Investitionsentscheider im B2B-Technologie-Bereich befragt, welche Verkaufs- und Marketingunterlagen sie bei Kaufentscheidungen hinzuziehen. 50 Prozent der Studienteilnehmer gaben an, Fallstudien im Rahmen von technologischen Kaufentscheidungen zu lesen. 68 Prozent davon bewerteten Case Studies als „sehr" bzw. „extrem einflussreich" bei ihrer Entscheidung.

Quelle: Eccolo Media: 2011 B2B Technology Collateral Survey Report. San Francisco, 2011.

Vorteile von Fallstudien

Was bringen Case Studies?

Hohe Glaubwürdigkeit.

Fallstudien gehören zu den stärksten Zeugnissen Ihrer Leistungsfähigkeit. Sie zeigen, wie Sie ein (komplexes) Kundenproblem erkannt, bearbeitet und gelöst haben. Sie werben nicht mit vagen Versprechen, sondern mit handfesten Beweisen. So bieten Sie konkrete Inhalte und glaubwürdige Informationen – das ist Referenzmarketing vom Feinsten.

Überzeugende Form.

Fallstudien sind Geschichten. Sie erzählen von Herausforderungen und dem Weg zum Sieg. So zeichnen sie ein greifbares Bild von Ihren Leistungen und deren Nutzen. Die Leser müssen nicht von abstrakten Produkteigenschaften auf deren Vorteile schließen, sondern bekommen in verständlicher und leicht merkbarer Form vermittelt, was Sie für sie tun können.

Hohe Aufmerksamkeitswerte.

Broschüren, Mailings, Flyer – all diese klassischen Werbemittel werden oft einfach ignoriert. Fallstudien hingegen werden gerne gelesen. Denn die Zielgruppe will erfahren, was andere Unternehmen in ihrer Branche machen, mit welchen Problemen sie zu kämpfen haben und wie sie diese angehen.

Breit gefächerte Relevanz.

Eine Case Study dient nicht nur dazu, potenzielle Kunden zu überzeugen. Auch Ihre Mitarbeiter interessieren sich für Fallstudien – sie erkennen, wie sie mit ihrer Arbeit zum Kundenerfolg beitragen. Das gilt auch für Journalisten – für sie sind Fallstudien wertvolles Material, aus dem sie spannende Geschichten stricken können. Nicht zuletzt sind Erfolgsstories auch für Investoren nützliche Beschreibungen Ihrer Arbeitsweise.

Kurze Produktionsdauer.

Anders als etwa Broschüren lassen sich Fallstudien relativ schnell erstellen. Und je mehr Routine Sie dabei entwickeln, umso rascher kommen Sie zu optimalen Ergebnissen – was sich wiederum positiv auf die Kosten auswirkt.

Langfristige Nutzbarkeit.

Im Gegensatz zu anderen Marketingmaterialien wie zum Beispiel Mailings lassen sich Fallstudien über viele Monate oder gar mehrere Jahre nutzen. Sie sind „immergrüner Content", der lange aktuell bleibt.

Vielfältige Verwertbarkeit.

Fallstudien können Sie auf viele verschiedene Arten einsetzen: Sie können sie in Blogartikel umschreiben; die Kundenzitate als Testimonials nutzen; die Ergebnisse in Präsentationen und Vorträge einbauen; Kurzfassungen auf der Webseite bringen und vieles mehr. Das macht Case Studies zu ergiebigen Contentquellen, einsetzbar in Marketing und Vertrieb.

Verstärkte Kundenbindung.

Viele Kunden fühlen sich geschmeichelt, wenn Sie sie für eine Fallstudie heranziehen. Lose Kontakte werden wieder aufgefrischt; es ergeben sich neue Aufträge oder Ansätze zur Verbesserung Ihres Angebotes. Außerdem profitieren Sie von der Strahlkraft der Marke Ihres Kunden – wer für bekannte Unternehmen erfolgreich tätig war, gewinnt an Prestige.

Info

In Sachen Effektivität.

In einer Studie des US-amerikanischen Content Marketing Institutes zusammen mit MarketingProfs aus dem Jahr 2011 bewerten 70 Prozent jener Befragten, die Fallstudien im B2B-

Marketing nutzen, diese Form des Content Marketings als „effektiv" bzw. „sehr effektiv".

Quelle: Content Marketing Institute / MarketingProfs: B2B Content Marketing: 2012 Benchmarks, Budgets & Trends, 2012, S. 8.

Nutzung von Fallstudien

Fallstudien kreativ einsetzen.

Einer der großen Vorteile von Fallstudien: Sie sind immergrüne Inhalte, die sich auf die verschiedensten Arten verwerten lassen. So zahlt sich der Aufwand der Erstellung doppelt und dreifach aus.

Entscheiden Sie, welche Nutzungsform sich für welchen Abschnitt Ihres Marketing- und Verkaufsprozesses eignet. Manchmal werden Marketing und Vertrieb die Fallstudie auf dieselbe Art und Weise verwenden – etwa, wenn sie als PDF in die Webseite integriert wird und die Verkäufer auf sie verlinken.

Ein anderes Mal wird die Fallstudie entsprechend angepasst – etwa, wenn sie für den Newsletter gekürzt und umgetextet wird oder die Verkaufsmannschaft einzelne Inhalte in einer PowerPoint-Präsentation oder einem Angebot verwendet.

Tipps

Leave behind.

Wann immer Sie potenzielle Kunden besuchen, eine Präsentation halten oder auf Anfragen antworten – eine Fallstudie unterstützt Ihre Verkaufsbemühungen. Finden Sie heraus, welche Form Ihre möglichen Kunden bevorzugen: Print oder online, eine kleine Mappe mit relevanten Case Studies oder eine CD mit all Ihren gesammelten Fallstudien.

Handouts.

Fallstudien eignen sich auch als Marketingunterlage bei Messen, Konferenzen, Vorträgen – überall da, wo Sie zwanglos mit Interessenten zusammenkommen.

Beilage zu Mailings.

Meist überzeugender als ein beigefügter Flyer: Untermauern Sie die Behauptungen und Versprechungen Ihres Werbebriefes mit einer Fallstudie. Vergessen Sie nicht, im Brief auf die Beilage hinzuweisen – etwa im Postskriptum – und versehen Sie die Case Study mit Ihren Kontaktdaten und einer Handlungsaufforderung.

Webseite.

Die Besucher Ihrer Webseite wollen sich informieren – über Sie, Ihre Produkte, Ihre Leistungen. Und vor allem wollen sie erfahren, was ihnen Ihr Angebot bringt. Mit Fallstudien stillen Sie das Informationsbedürfnis Ihrer Leser. Sie zeigen Ihr Können „am lebenden Objekt" und verstecken sich nicht hinter blassen Marketingfloskeln. Idealerweise packen Sie Ihre Case Studies nicht (nur) in einen eigenen Abschnitt auf Ihrer Webseite, sondern integrieren sie in die Produktseiten.

Newsletter.

Zeigen Sie Ihren Newsletter-Lesern, wie Ihre Produkte in der Praxis eingesetzt werden. Fassen Sie die Fallstudie kurz zusammen und verlinken Sie auf den Volltext. So bieten Sie nützliche Inhalte und machen die Leser auf zwanglose Art mit unterschiedlichen Anwendungsarten vertraut.

Blog.

Fallstudien sind optimal für Ihr Blog: Sie informieren Ihre Leser auf unterhaltsame, unaufdringliche Weise über Ihre Leistungen. Stellen Sie auch eine PDF-Version zur Verfügung, für alle, die die Case Study ausdrucken oder abspeichern wollen. Wichtig: Wenn Sie die Fallstudie nicht ohnehin schon auf relevante Keywords hin optimiert haben: Spätestens, wenn Sie sie auf Ihr Unternehmensblog geben, sollten Sie die wichtigsten Schlüsselwörter verwenden.

Broschüren & Co.

Manchmal kommt Unternehmenskommunikation sehr trocken daher – etwa in Imagebroschüren oder Geschäftsberichten. Hier bringen Fallstudien Leben rein, die Leistungen des Unternehmens werden real und greifbar. Auch für Kundenmagazine sind Case Studies perfekte Inhalte.

PR.

Bevor Sie Ihre Fallstudie auf Ihre Webseite oder Ihr Blog stellen: Bieten Sie sie der Presse als Story an. Viele Fachmagazine freuen sich über informative, gut erzählte Geschichten mit Mehrwert für den Leser. Auch wenn sie die Fallstudie nicht eins zu eins drucken – sie ist oft ein Ausgangspunkt für allgemeine Berichte über Ihr Unternehmen oder Trends in Ihrer Branche. Jedenfalls haben Sie mit einer Fallstudie bessere Chancen, in der Presse erwähnt zu werden, als mit einer trockenen Pressemitteilung, die sich nur um Ihr Produkt dreht. Nicht vergessen: Fügen Sie die Fallstudie auch Ihrer Pressemappe hinzu.

Präsentationen.

Egal, ob für einen Vortrag Ihres Geschäftsführers oder für ein Verkaufsmeeting: Bauen Sie Daten, Fakten und Zitate aus Ihren Fallstudien in (Power-Point)Präsentationen ein. So untermauern Sie Ihre Aussagen auf glaubwürdige Weise.

Tutorials.

Fallstudien zeigen dem Leser, wie ein Kunde ein Problem mit Hilfe Ihrer Leistungen gelöst hat. Mit einem kleinen Tutorial – einem How-to-Artikel basierend auf der Fallstudie – verallgemeinern Sie diesen Prozess und erstellen vielfältig einsetzbaren Content.

Testimonials.

Die Kundenzitate, die Sie in Ihre Fallstudie eingebaut haben, eignen sich wunderbar als Testimonials. Wählen Sie die knackigsten und aussagekräftigsten Zitate aus und verwenden Sie

sie auf Ihrer Webseite, in Broschüren, bei Präsentationen, in Pressemitteilungen etc. Achten Sie darauf, dass Sie sich die entsprechenden Nutzungsrechte gesichert haben und führen Sie jeweils den vollen Namen, Position, Firma und Ort des Kunden an.

Employer Marketing.

Fachkräftemangel, Fluktuation, Motivationsprobleme: Für Unternehmen wird es immer wichtiger, nach außen und nach innen als starke Arbeitgebermarke aufzutreten und die besten Mitarbeiter anzuziehen und zu halten. Und dazu eignen sich Erfolgsgeschichten perfekt. Sie zeigen potenziellen Mitarbeitern, was sie bei Ihnen erwartet und motivieren Ihre bestehenden Arbeitnehmer – sie erkennen, was sie mit ihrer Leistung konkret bewirken. Nutzen Sie deshalb Fallstudien bei Recruitingmessen, bei Einführungsseminaren, im Mitarbeiter-Newsletter, bei Mitarbeiter-Versammlungen, bei Weiterbildungen, im Intranet usw.

Spezialtipp

Links setzen.

Versehen Sie die Online-Versionen (PDF, Blog etc.) Ihrer Fallstudie mit weiterführenden Links zu Ihren Services und Produkten. So können Sie analysieren, wie stark die Leser auf Ihre Case Study ansprechen.

Die Arbeit mit dem Kunden

Relevanz prüfen

Das richtige Produkt, der richtige Kunde, der richtige Ansatz.

Bevor Sie sich an die Auswahl von passenden Kunden machen: Stellen Sie sicher, dass die geplante Fallstudie nützlich ist – für Sie und den Leser.

Relevant für den Leser.

Die Fallstudie sollte solche Probleme behandeln, die typisch für Ihre Zielgruppe sind. Nur so können sich die Leser mit dem Protagonisten der Case Study identifizieren und erhalten Infos, die ihnen weiterhelfen.

Andernfalls wird die Fallstudie kaum das Interesse der Leser wecken. Und wenn doch, dann hauptsächlich deshalb, weil sie etwas über ihre Konkurrenten erfahren wollen – und nicht über Ihr Angebot.

Überlegen Sie sich deshalb genau, wo die Herausforderungen Ihrer Kunden liegen, finden Sie deren Schmerzpunkte heraus – am besten zusammen mit Ihren Vertriebsleuten.

Relevant für Ihr Unternehmen.

Wenn Sie in mehreren Sektoren tätig sind und verschiedene Produkte anbieten: Stellen Sie ein strategisches Fallstudien-Portfolio zusammen. Versuchen Sie, jeden Geschäftszweig mit Case Studies abzudecken. Fragen Sie sich, welche Erzeugnisse oder Services mit einer Erfolgsgeschichte sichtbarer gemacht werden können und wo noch Wirkungsbeweise ausstehen.

Vermeiden Sie dabei Abkürzungen, das heißt, packen Sie nicht mehrere Kundenprobleme und Lösungen in eine Fallstudie. Halten Sie jede Case Study kurz und übersichtlich und behandeln Sie jeweils nur ein Thema.

Manche Unternehmen fokussieren in ihren Fallstudien speziell auf Produktergänzungen, auf Zusatzfeatures, die in einer allgemeinen Case Study nicht genügend herausstechen würden. So können Erfolgsgeschichten auch fürs Upselling genutzt werden.

Prüfen Sie genau, welche Kunden Sie für Ihre Fallstudien heranziehen. Ein grundlegendes Auswahlkriterium ist, wie sehr sich Ihre Zielgruppe mit der Situation des Anwenders identifizieren kann. Fragen Sie sich aber auch, welchen Ruf der ausgewählte Kunde hat und ob Sie von seinem Image profitieren können. Auch seine Branche oder sein geografischer Tätigkeitsbereich können eine Rolle spielen – etwa, wenn Sie planen, in einem bestimmten Markt aktiv zu werden.

Kunden auswählen

Den idealen Protagonisten identifizieren.

Damit Sie das Maximum aus Ihrer Fallstudie herausholen, müssen Sie den Protagonisten sorgfältig auswählen.

Gehen Sie diese Entscheidung strategisch an – überlegen Sie sich rechtzeitig, welche Zielgruppen Sie mit Fallstudien ansprechen wollen und welche Kunden sich am besten dafür eignen.

Tipps

Größe und Image.

Welches Unternehmen träumt nicht davon, für einen der „Big Guys" seiner Branche tätig zu sein und diesen Erfolg zu vermarkten? Wenn Sie für einen namhaften Kunden arbeiten, färbt sein Image positiv auf Sie ab und erhöht Ihre Glaubwürdigkeit. Davon profitieren besonders junge Unternehmen und Anbieter, die generell für große, etablierte Firmen tätig sind.

Aber manchmal kann der Schuss auch nach hinten losgehen. Und zwar dann, wenn Sie vorwiegend kleine und mittlere Betriebe bedienen. Denn diese wollen wissen, ob Ihre Lösungen auch bei Unternehmen ihrer Größenordnung funktionieren. Wenn Sie hier nur Fallstudien mit großen Kunden präsentieren, wird Ihre Zielgruppe bezweifeln, ob Sie auch ihre Bedürfnisse stillen können, ob Sie überhaupt wissen, wie die Probleme von kleineren Unternehmen aussehen.

Richtlinien.

Große Unternehmen haben oft strenge Richtlinien, was die Veröffentlichung von geschäftlichen Infos betrifft. Manche weigern sich zum Beispiel, ihren Lieferanten als Testimonials zur Verfügung zu stehen, von Fallstudien ganz zu schweigen.

Das heißt: Rechnen Sie damit, dass es mühsam wird, ein Großunternehmen als Protagonisten zu gewinnen. Und auch der Erstellungsprozess der Case Study kann sich zäh gestalten – etwa, wenn der fertige Text wider Erwarten doch nicht freigegeben wird.

Versuchen Sie deshalb schon im Vorfeld herauszufinden, wie das anvisierte Unternehmen zu Fallstudien steht, sprechen Sie mit dem Verantwortlichen.

Zufriedenheitsgrad.

Finden Sie jene Anwender, die mit Ihrer Leistung nicht nur zufrieden waren, sondern wirklich begeistert. Sprechen Sie mit solchen Kunden, die ein dringendes Problem mit Ihrer Hilfe gelöst haben; die Ergebnisse erzielt haben, die weit über den Erwartungen lagen. Fragen Sie dazu einfach Ihre Kundenbetreuer – sie können Ihnen die passenden Anwender empfehlen. So erhalten Sie überzeugende Erfolgsgeschichten, die den Enthusiasmus des Kunden transportieren.

Bereitschaft.

Manche Unternehmen haben eine besondere Strahlkraft, einen herausragenden Ruf, und werden daher überdurchschnittlich oft von ihren Lieferanten als Testimonial herangezogen. Da kann sich dann schon mal eine gewisse Unlust breitmachen, wenn schon wieder eine Anfrage von Ihnen eintrudelt. Strapazieren Sie also Ihre Lieblingskunden nicht zu sehr, zeigen Sie sich dankbar, wenn sie bei Ihrer Fallstudie mitarbeiten wollen und gestalten Sie den Erstellungsprozess kurz und schmerzlos.

Prüfen Sie auch die Bereitschaft Ihrer unmittelbaren Ansprechpartner. Manche Manager wären einem Stellenwechsel nicht abgeneigt – und Ihre Fallstudie (zusammen mit entsprechender medialer Aufmerksamkeit) könnte den ersehnten Anruf eines Headhunters zur Folge haben.

Aber Fallstudien eignen sich auch für einen Karriereschub innerhalb des Unternehmens: Mit ihrer Hilfe können sich Ihre

Ansprechpartner profilieren und vorgesetzte Stellen auf sich aufmerksam machen.

Ergebnisse.

Manchmal sind die Resultate einer Problemlösung schwer zu messen – doch viele Ihrer potenziellen Kunden wollen Zahlen sehen. Machen Sie sich deshalb auf die Suche nach Kunden, die mit quantifizierbaren Ergebnissen aufwarten können.

Kunden überzeugen

Zur Teilnahme bewegen.

Wenn Sie eine Liste Ihrer Wunschprotagonisten erstellt haben, gilt es, sie zum Mitmachen zu bringen.

Und wie? Indem Sie den Ablauf Ihres Fallstudien-Projektes transparent darstellen und es dem Kunden schmackhaft machen.

Tipps

Den Ablauf erklären.

Sagen Sie dem Kunden, was ihn erwartet – so weiß er, was auf ihn zukommt und kann sich entscheiden, ob er Ihnen zur Verfügung steht oder nicht.

- Schicken Sie ihm Links oder PDFs von veröffentlichten Fallstudien.
- Informieren Sie ihn über die Nutzung der Case Study (Webseite, PR, Newsletter etc.).
- Teilen Sie ihm mit, wer ihn bezüglich des Interviewtermins kontaktieren wird und wer das Interview durchführt.
- Informieren Sie ihn über die Dauer des Interviews.
- Senden Sie ihm (falls vorhanden) die Interviewfragen zur Ansicht.
- Sagen Sie ihm, wann er den Textentwurf der Fallstudie erhält.

Idealerweise packen Sie diese Infos in eine Email – so kann der Empfänger jederzeit auf sie zugreifen und problemlos innerhalb der Firma weiterleiten.

Die Vorteile aufzählen.

Geben Sie sich nicht als Bittsteller, der um einen Gefallen ersucht, sondern machen Sie dem Kunden klar, dass auch er von der Fallstudie profitiert – präsentieren Sie sie als Win-win-Situation.

Überzeugen Sie den Anwender, dass Sie zusammen mit ihm ein wertvolles Marketingwerkzeug schaffen. Zum Beispiel, indem Sie in der Fallstudie darlegen, welchen Nutzen die Produkte Ihres Kunden bieten. Oder indem Sie die Case Study in Magazinen veröffentlichen, die auch die Zielgruppe Ihres Kunden ansprechen. Und erwähnen Sie außerdem, wie der Kunde sein Image durch die Case Study steigert: Er zeigt sich als agiler, proaktiver Unternehmer, der Probleme erkennt, effizient löst und seinen Betrieb souverän in die Zukunft führt.

Spezialtipp

Flexibel bleiben.

Wenn Sie den Kunden nicht zu einer Mitarbeit bewegen können, dann verwerten Sie die Erfahrungen, die Sie in diesem Kundenprojekt gemacht haben, anderweitig. Schreiben Sie zum Beispiel einen allgemeinen Fachartikel oder ein Tutorial für Ihr Blog.

Kunden interviewen

Ein gutes Gespräch führen.

Die Qualität Ihrer Fallstudie steht und fällt mit dem Input Ihres Kunden. Es ist Ihre Aufgabe, so viel und so hochwertigen Stoff wie möglich zu sammeln – und das ist oft nicht leicht, denn manche Interviewpartner haben wenig Zeit, sind nur mangelhaft auf das Gespräch vorbereitet oder unangenehm einsilbig.

Gestalten Sie deshalb das Interview so kurzweilig und durchdacht wie möglich. Senden Sie dem Kunden Ihre Fragen schon vorab, damit er sich vorbereiten kann. Haken Sie nach, wenn seine Aussagen zu schwammig sind. Und strapazieren Sie seine Geduld nicht zu sehr – in etwa einer halben Stunde sollten Sie Ihre Antworten beisammen haben (je nach geplanter Länge der Fallstudie).

Noch ein Tipp: Vereinbaren Sie den Interviewtermin gleich nachdem Sie die Zustimmung des Kunden erhalten haben. Das Fallstudien-Projekt ist noch frisch im Gedächtnis des Gesprächspartners und er ist gedanklich auf Sie eingestellt.

Hier einige Fragen, die Sie Ihrem Kunden stellen können:

Tipps

- In welcher Branche sind Sie tätig und was ist Ihre Aufgabe im Unternehmen?

- Was sind die kritischen Erfolgsfaktoren in Ihrem Business?

- Wie war die Situation, bevor Sie unser Produkt eingesetzt haben? Welchen Problemen und Herausforderungen sind Sie gegenübergestanden? Welche Schwierigkeiten wollten Sie lösen?

- Wie sind Sie diese Probleme ursprünglich angegangen?

- Warum hat diese Herangehensweise nicht oder nur teilweise funktioniert?

- Welche Ergebnisse haben Sie sich erwartet? Was sollte sich verbessern?

- Wie haben Sie von unserem Produkt erfahren?

- Warum haben Sie sich für unser Angebot entschieden? Was macht unser Produkt einzigartig bzw. attraktiver als Konkurrenzangebote?

- Wie verlief der Einbau/die Implementierung unseres Produktes? Gab es Schwierigkeiten?

- Was hat Sie besonders begeistert/überrascht?

- Wann gab es die ersten Ergebnisse?

- Was hat sich nach Einsatz unseres Produktes verbessert? Können Sie Zahlen nennen oder Vergleiche anstellen? Was hat sich qualitativ verändert?

- Haben sich neue Geschäftsfelder für Sie eröffnet? Konnten Sie neue Zielgruppen ansprechen?

- Wie haben Ihre Kunden auf die Verbesserungen reagiert?

- Würden Sie unser Produkt weiterempfehlen? Aus welchen Gründen?

- Welchen Rat geben Sie anderen Unternehmen, die ähnliche Herausforderungen wie Sie meistern müssen?

- Werden Sie weitere Produkte oder Dienstleistungen von uns einsetzen?

Spezialtipp 1

„Achtung, Aufnahme".

Nehmen Sie das Interview auf – natürlich nur mit Zustimmung des Kunden. So können Sie sich ganz auf Ihre Fragen und den Gesprächspartner konzentrieren und die Aufnahme immer wieder abhören.

Spezialtipp 2

Einen Dritten beauftragen.

Manchmal ist es besser, einen Werbetexter bzw. Journalisten mit dem Verfassen der Fallstudie zu beauftragen. Das hat auch beim Kundeninterview seine Vorteile – ein Journalist weiß, wie man Fragen so stellt, dass ergiebige und substanzhaltige Antworten dabei herauskommen. Außerdem bleibt es beim reinen Interview – wenn Sie selbst das Gespräch führen, ist die Gefahr groß, dass über geschäftliche Agenden, laufende Projekte usw. geredet wird und beide Parteien abgelenkt werden.

Das Projekt beenden

Ein sauberer Abschluss.

Das Interview ist geführt, der Textentwurf fürs Erste akzeptiert. Jetzt muss die Fallstudie noch offiziell abgesegnet werden. Und Ihr Kunde freut sich auch über ein kleines Dankeschön – fruchtbare Beziehungen wollen schließlich gehegt und gepflegt werden.

Tipps

Die Freigabe regeln.

Schützen Sie sich vor bösen Überraschungen und informieren Sie sich bereits im Vorfeld, wie der Freigabeprozess des Kunden aussieht. Übermitteln Sie ihm schon vor Projektbeginn Ihr eigenes Freigabe- bzw. Nutzungsformular, falls ein solches vorhanden ist, und fragen Sie Ihrerseits den Kunden, wer über die Freigabe der Fallstudie entscheidet und ob es rechtliche bzw. unternehmenspolitische Schranken gibt, die es beim Texten zu beachten gilt.

Wenn Sie die Dauer des Freigabeprozesses verkürzen möchten: Halten Sie Ihre eigene Nutzungsvereinbarung so kurz wie möglich – der Kunde soll sich nicht durch seitenlange Rechtsdokumente quälen müssen.

Dem Kunden danken.

Wenn alles unter Dach und Fach ist, bedanken Sie sich beim Kunden. Schließlich hat er sich für Ihr Anliegen Zeit genommen und unterstützt Sie bei Ihrem Marketing.

Schicken Sie ihm zum Beispiel eine handgeschriebene Dankeskarte; rufen Sie ihn an und bedanken Sie sich persönlich; senden Sie ihm ein kleines Geschenk.

Und vergessen Sie nicht, ihm die fertige Fallstudie zukommen zu lassen – auch in Print.

Der Aufbau der Fallstudie

Der Titel

Den Leser neugierig machen.

Mit dem Titel „verkaufen" Sie Ihre Fallstudie. Sie informieren den Leser, worum's geht und warum er die Erfolgsgeschichte lesen sollte.

Optimal ist es, wenn Sie den Hauptnutzen, das wichtigste Ergebnis Ihres Kundenprojektes, in der Überschrift bringen. Der Leser sollte sich fragen: „Wie haben die das gemacht?" So ziehen Sie ihn in die Case Study hinein.

Tipps

Nutzenorientierter Titel.

Viele Fallstudien-Headlines kommen sehr statisch und vage daher:

Die Anwendung von HealthSolution bei Medical Treatments

Fallstudie: Einsatz unserer neuartigen Schälmaschine

Unser Produkt „AZW 3205" bei Wittelsmann in Burladingen

Diese Titel sind nicht nur zum Gähnen langweilig, sondern liefern auch keine Infos zum Nutzen Ihres Produkts. Der Leser kann diesen Überschriften nichts entnehmen, was ihn neugierig macht und zum Weiterlesen animiert. Außerdem steht jeweils nicht der Kunde, sondern das verwendete Produkt im Vordergrund – und das widerspricht der Philosophie von Fallstudien.

Versuchen Sie deshalb immer, den (quantifizierten) Hauptnutzen Ihres Angebots herauszustellen, verbunden mit Zeitwörtern wie „steigert", „verbessert", „erhöht", „senkt", „verringert" etc. Lassen Sie die Überschrift nicht zu lang werden – empfohlen sind zwölf Wörter oder weniger.

Sie können dabei nach folgendem Muster vorgehen:

Kundenname Zeitwort Nutzen

Also zum Beispiel:

Medical Treatments erhöht Mitarbeiterproduktivität um 15 Prozent

Lead.

Sie kennen es aus Zeitungen und Magazinen: Unter der Artikelüberschrift findet sich eine knappe Zusammenfassung des Textes, der so genannte „Lead". Hier liefern Sie dem Leser zusätzliche Infos.

Zum Beispiel:

Mittelständischer Medizingeräte-Hersteller steigert Mitarbeiterleistung und -zufriedenheit mit Personalentwicklungsplan von ManConsult

Das Problem

Wo lag die Herausforderung?

In diesem Abschnitt dreht sich alles um das Problem, das Ihr Kunde mit Ihrer Hilfe gelöst hat.

Ein guter Einstieg: Beschreiben Sie das Problem auf allgemeine Weise; veranschaulichen Sie, warum es für die Branche eine Herausforderung ist. Danach bringen Sie Ihren Kunden ins Spiel und schildern, auf welche spezielle Weise er von diesem Problem betroffen ist und welche Auswirkungen es für ihn hat.

Tipps

Den Kunden vorstellen.

In diesem Teil der Fallstudie präsentieren Sie den Kunden: Name, Standort, Branche, Mitarbeiterzahl, Umsatz und weitere Daten, die für den Leser relevant sind.

Sie können diese Fakten im Fließtext unterbringen oder in einen Kasten packen, den Sie vor oder neben dem ersten Absatz platzieren.

Angaben wie Umsatz und Mitarbeiter sind wichtig für den Leser – sie zeigen ihm, in welcher Größenordnung das Kundenunternehmen tätig ist, ob es in der gleichen Liga spielt wie die Firma des Lesers und damit als Referenz dienen kann.

Den Ruf des Kunden wahren.

Fallstudien drehen sich um ein Problem Ihres Kunden und seine Lösung – das ist Sinn und Zweck von Erfolgsgeschichten. Und es ist wichtig, dass Sie das Problem so beschreiben, dass es plastisch und nachvollziehbar ist.

Vermeiden Sie es aber, Ihren Kunden dabei dumm und unfähig wirken zu lassen. Bringen Sie nicht zu viele negative Einzelheiten. Setzen Sie die individuellen Herausforderungen Ihres Kunden in einen größeren (Branchen)Kontext – zum Beispiel so: „Wie viele mittelständische Metallverarbeiter hatte auch Millmann & Co zunehmend Schwierigkeiten, qualifizierte Facharbeiter zu finden." – So wird klar, dass das Personalproblem des Kunden zumindest teilweise strukturell bedingt ist.

Betonen Sie, wie das Unternehmen seine Schwierigkeiten proaktiv angegangen ist und sich frühzeitig um Lösungen umgesehen hat.

In einen Kontext bringen.

Beim Beschreiben des Problems bringen Sie konkrete Zahlen und reden etwa von „3,5 Prozent Ausschussrate" oder „7 Prozent Fluktuationsquote".

Stellen Sie diese Aussagen in einen logischen Zusammenhang und machen Sie sie damit greifbarer: Sind die genannten Prozentsätze im Branchenvergleich gut oder schlecht? Wie sieht es im internationalen Vergleich aus? Signalisieren sie einen Aufwärts- oder Abwärtstrend?

Fehlgeschlagene Versuche erwähnen.

Ein Ansatz, der viel Fingerspitzengefühl erfordert: Zeigen Sie, mit welchen Methoden der Anwender (erfolglos) versucht hat, sein Problem zu lösen und warum diese Ansätze nicht funktioniert haben. Erwähnen Sie aber dabei nicht die Namen von konkurrierenden Anbietern.

Positiv/negativ.

Sie können die Herausforderung, das anvisierte Ziel des Kunden auf positive oder negative Weise schildern:

- Sie beschreiben, was der Anwender durch die Problemlösung erreichen, steigern oder verbessern will – zum Beispiel eine höhere Produktivität oder einen höheren Marktanteil.

- Oder Sie beschreiben, was der Kunde in Zukunft vermeiden oder senken will – etwa Reparaturaufwand oder Energiekosten.

Das eigentliche Problem herausarbeiten.

Dieses Phänomen dürfte vor allem Dienstleistern bekannt sein: Hinter einer Kundenanfrage verbirgt sich oft ein ganz anderes, grundlegenderes Problem.

Ein einfaches Beispiel: Ein potenzieller Auftraggeber will eine neue Webseite mit „außergewöhnlichem Design" und „knackigen Texten". Hinter diesem Wunsch steckt aber eigentlich der Plan, mehr Kunden über das Internet zu gewinnen, weil seine bisherigen Offline-Werbemaßnahmen wie Anzeigen oder Flyer immer weniger fruchten. Sie klären den Anfrager darüber auf, was er beim Online-Marketing beachten muss, welche Werkzeuge er einsetzen kann und dass es mit Design und Webtext nicht getan ist.

Präsentieren Sie auch bei Ihrer Fallstudie das eigentliche Kundenproblem, bleiben Sie nicht an der Oberfläche haften. Beschreiben Sie, was sich hinter dem Wunsch nach einer „neuen Webseite" wirklich verbirgt, was der Kunde eigentlich erreichen will.

Die Lösung

Wie wurde vorgegangen?

In diesem Abschnitt hat Ihr Produkt den großen Auftritt: Sie beschreiben, warum sich Ihr Kunde für Ihr Angebot entschieden hat und wie er sein Problem zufriedenstellend gelöst hat.

Aber Achtung: Es geht immer noch um den Kunden, nicht um Sie. Stellen Sie nicht die Eigenschaften und die Leistungsfähigkeit Ihres Angebotes in den Mittelpunkt, langweilen Sie den Leser nicht mit Aufzählungen von Produktmerkmalen (die können Sie in einen extra Kasten packen).

Vermitteln Sie stattdessen, wie Ihre Lösung in der Praxis funktioniert, was sie konkret dazu beiträgt, das Kundenproblem zu lösen. Schildern Sie, wie Sie vorgegangen sind und warum Sie gerade diesen Weg gewählt haben.

Dazu ein paar Empfehlungen:

Tipps

Den Entscheidungsprozess darstellen.

Starten Sie nicht gleich mit der Implementierung Ihrer Lösung. Der Leser möchte auch wissen, warum sich der Kunde ausgerechnet für Sie entschieden hat, was Sie gegenüber den Wettbewerbern auszeichnet, warum gerade Ihr Produkt die attraktivste Alternative war. Machen Sie die Kundenentscheidung für den Leser nachvollziehbar.

Konkret werden.

Je plastischer Sie die Vorgangsweise bei der Problemlösung beschreiben, umso besser. Versuchen Sie, mit bildhaften Schilderungen ein starkes Bild im Kopf des Lesers zu schaffen. Vermeiden Sie vage Aussagen und fragen Sie sich immer: Was heißt das konkret?

Zum Beispiel statt „Wir haben die Implementierung zeitlich den besonderen Bedürfnissen von MachinePro angepasst" besser „Die Software wurde während des Betriebsurlaubes von MachinePro implementiert, zusammen mit den hauseigenen EDV-Experten."

Sachlich formulieren.

Es ist wunderbar, wenn Sie Ihren Kunden in Zitaten von Ihnen schwärmen lassen. Im restlichen Text sollten Sie sich aber in Zurückhaltung üben. Nur, weil es im Lösungsabschnitt um Ihr Produkt geht, sollten Sie nicht plötzlich auf „Marketingdeutsch" umschalten. Bleiben Sie dem journalistischen, objektiven Stil treu.

Auf die Wirkung achten.

Seien Sie vorsichtig, wenn Sie von Ihrer „erstmalig eingesetzten Methode" sprechen. Sie signalisieren damit, dass Ihre Vorgangsweise noch nicht ausgereift ist und das positive Endergebnis unter Umständen pures Glück war.

Ähnliches gilt bei Begriffen wie „einzigartig" oder „maßgeschneidert": Der Leser erhält vielleicht den Eindruck, dass Ihre Lösung überdurchschnittlich kompliziert und teuer ist.

Welche Wirkung solche Wörter hervorrufen, hängt auch von der Zielgruppe Ihrer Fallstudie ab: Wird sie hauptsächlich von Technikern gelesen? Oder von kaufmännischen Entscheidern?

Das menschliche Element.

Gerade wenn Sie Dienstleistungen anbieten, ist die persönliche Ebene sehr wichtig. Zeigen Sie, wie motiviert und einsatzbereit Ihre Mitarbeiter sind. Beschreiben Sie, wie Ihre Leute unter Hochdruck an der rechtzeitigen Fertigstellung des Projektes gearbeitet haben; wie sie Nachtschichten eingelegt haben, um mit den Kundenfilialen in Übersee zu kommunizieren usw.

Das Ergebnis

Wie ist es ausgegangen?

Im vorangegangen Abschnitt der Case Study haben Sie beschrieben, wie der Kunde sein Problem angegangen ist, was er unternommen hat, um seine Situation zu verbessern.

Jetzt will der Leser wissen, wie das Ergebnis aussieht: Was ist dabei herausgekommen? Hat es funktioniert? Konnte das Problem beseitigt werden?

Tipps

Quantitative Resultate.

Beschreiben Sie das Ergebnis so genau wie möglich. Bringen Sie Zahlen, Daten, Fakten, eventuell unterstützt durch Fotos, Grafiken und Diagramme. Halten Sie fest, um wie viele Prozent die Produktivität gestiegen ist, wie viele neue Kunden gewonnen werden konnten, wie hoch die Einsparungen an Zeit, Betriebsmitteln, Überstunden etc. sind, wie stark die Fluktuation gesunken ist etc. Bringen Sie Vergleiche zu den Vorjahren oder zum Industriedurchschnitt.

Qualitative Ergebnisse.

Führen Sie auch qualitative Veränderungen an, zum Beispiel die Steigerung der Mitarbeiter- oder Kundenzufriedenheit.

Im manchen Branchen – etwa im Change Management – sind die Veränderungen generell schwer quantifizierbar. Hier können Sie sich mit einer Vorher-Nachher-Studie behelfen: Messen Sie die zu verändernden Dimensionen, bevor Sie mit dem Beratungsprojekt bei Ihrem Kunden beginnen. Erheben Sie zum Beispiel, wie zufrieden die Mitarbeiter mit den Karrieremöglichkeiten oder der firmeninternen Weiterbildung sind. Wenn Sie Ihr Kundenprojekt abgeschlossen haben, fragen Sie noch einmal dieselben Parameter ab. So erhalten Sie vergleichbare und quantifizierbare Aussagen wie zum Beispiel: „Die Zufriedenheit der Trainees mit den persönlichkeitsbildenden Seminaren hat sich um 25 Prozent erhöht".

Anekdoten.

Manchmal sind es einzelne Ereignisse, kleine Geschichten, die den Erfolg greifbar machen. Zum Beispiel, wenn ein Anwender einen überdurchschnittlich großen Kunden an Land ziehen konnte oder einen Kunden aus einem exotischen Land.

Zitate.

Vergessen Sie nicht, auch diesen Teil der Fallstudie durch ein aussagekräftiges Zitat zu untermauern. Zum Beispiel:

„Wir waren ehrlich gesagt ziemlich verblüfft: Nach drei Monaten hatte sich unsere Ausschussquote um 3,2 Prozent verringert, nach sechs Monaten um 4,5 Prozent", sagt Hermann Wildstätter, Produktionsleiter von eMetrics. „Heute, nach einem Jahr, liegt die Quote bei 2,1 Prozent, das ist um 19 Prozentpunkte besser als der Branchenschnitt. So sparen wir rund 35.000 Euro jährlich – Geld, das uns für Neuinvestitionen und Modernisierungen zur Verfügung steht."

Der Schluss

Das Ende gestalten.

Der Leser ist nun am Ende Ihrer Fallstudie angelangt – Sie haben ihn durch eine (hoffentlich) spannende und lehrreiche Geschichte geführt, ihn neugierig gemacht, ihn mitzittern lassen und ihm positive Ergebnisse präsentiert.

Nun gilt es, die Fallstudie wirkungsvoll abzuschließen und die Begeisterung des Lesers nicht einfach versickern zu lassen.

Beschränken Sie sich daher nicht auf eine trockene Zusammenfassung der Geschichte. Nutzen Sie Zitate und Handlungsaufforderungen als dramaturgische Kniffe, die den potenziellen Kunden zum Telefon greifen lassen.

Tipps

Zitat am Ende.

Lassen Sie Ihre Fallstudie mit einem Kundenzitat ausklingen; verstärken Sie Ihre Botschaft mit einer glaubwürdigen Anwenderaussage.

Zum Beispiel: „Alles in allem ist die Software-Implementierung erstaunlich reibungslos verlaufen. Wir hatten uns bereits auf alle möglichen Schwierigkeiten eingestellt, von denen Gott sei Dank keine einzige eingetreten ist. Das haben wir vor allem der langjährigen Erfahrung der Experten von SoftX und ihrer beispielhaften Einsatzbereitschaft zu verdanken. Das nächste Projekt mit SoftX ist bereits in Planung."

Wenn Sie mit einem Zitat schließen, überlassen Sie dem Kunden das letzte Wort – und um ihn geht es schließlich in der Fallstudie. Sie enden mit einem individuellen Resümee, einer authentischen Zusammenfassung aus erster Hand, einem überzeugenden Lob von Dritten. Der Kunde spricht noch einmal persönlich zum Leser, quasi von Kollege zu Kollege.

Call to Action.

Gratulation – Sie haben es geschafft. Der Leser Ihrer Fallstudie ist auf Sie und Ihre Produkte neugierig geworden und will mehr von Ihnen erfahren. Er ist positiv gestimmt und offen für weitere Kaufargumente und Infos.

Das sollten Sie unbedingt nutzen – und zwar mit einer klaren Handlungsaufforderung am Ende der Case Study. Fragen Sie sich: Was soll der Leser nach der Lektüre tun? Wo steht er jetzt im Verkaufstrichter, was ist der nächste Schritt? Beraten Sie sich dazu auch mit Ihrem Vertriebsteam.

Bei den meisten Produkten und Services gilt: Überstürzen Sie nichts und fordern Sie den Leser nicht zum Kauf auf. Denn oft geht es bei Fallstudien um hochwertige und kostspielige Leistungen, um einen mehrstufigen Verkaufsprozess. Mit einer Bestellaufforderung irritieren und verprellen Sie den Leser nur.

Und: Senden Sie ihn nicht einfach nur auf die Startseite Ihrer Webpräsenz. Denn der Besucher muss sich von hier aus wieder neu orientieren, auf der Webseite nach weiteren Infos suchen und sich von Seite zu Seite durchklicken. Seine Begeisterung verpufft dabei wahrscheinlich sehr schnell.

Die bessere Lösung: Sie verlinken auf eine Landingpage, die extra für die Leser Ihrer Fallstudie gestaltet worden ist und sie zur nächsten Stufe im Verkaufsprozess bringt. Auf dieser Seite können Sie weitergehende Infos (zum Beispiel ein ausführliches White Paper oder ein Video) und ein Kontaktformular zur Verfügung stellen.

Beispiele für einen Call to Action:

Erfahren Sie, was wir für Ihr Unternehmen tun können. Rufen Sie jetzt an unter 0123/456789-9.

Holen Sie sich weitere Infos. Bestellen Sie unsere ausführlichen Produktbroschüren unter Tel. 0123/456789-9.

Vereinbaren Sie gleich Ihren kostenlosen Beratungstermin unter beratung@softx.com oder Tel. 0123/456789-9. Wir freuen uns auf Sie!

Schreiben und gestalten

Aus Sicht des Kunden schreiben

Die richtige Perspektive wählen.

In Ihrer Fallstudie geht es nicht um Sie. Es geht um Ihren Kunden, darum, welchen Herausforderungen er gegenübergestanden ist und wie er seine Probleme mit Hilfe Ihrer Produkte gelöst hat.

Ihre Aufgabe ist es, die Geschichte des Kunden zu erzählen und nicht, von Ihren tollen Erzeugnissen und Leistungen zu schwärmen. Fallen Sie nicht in den typischen, anbieterzentrierten Marketingduktus.

Damit Sie die Kundenperspektive einhalten können, ist ein ausführliches Interview mit dem Anwender unumgänglich – auch, wenn es Sie Mühe kostet, passende Kunden für ein Gespräch zu gewinnen oder wenn sich manche Interviews äußerst nervtötend gestalten.

Lassen Sie sich auch nicht vom Kunden dazu überreden, einfach irgendwas zu texten und es dann von ihm absegnen zu lassen. Der Leser merkt, dass nicht aus Sicht des Anwenders geschrieben wurde – vor allem dann, wenn Kundenzitate fehlen.

Nutzen betonen

„Was bringt mir das?"

Der Leser Ihrer Fallstudie will vor allem wissen, was ihm Ihr Produkt oder Ihre Dienstleistung bringt, wie es ihn erfolgreicher, glücklicher, wohlhabender oder beliebter macht.

Überlegen Sie, wo Ihren Kunden der Schuh drückt: Möchten sie Zeit sparen? Oder ist ihnen der Imagegewinn wichtiger? Geht es ihnen in erster Linie darum, das Budget zu schonen? Oder um eine generelle Arbeitserleichterung?

Wenn Ihr Angebot verschiedene Kundenprobleme auf einmal löst, dann wählen Sie die drängendsten Probleme aus – sprechen Sie dazu zum Beispiel mit Ihren Vertriebsleuten.

Richten Sie Ihre Fallstudie von Beginn an auf die zentralen Nutzenversprechen aus und heben Sie sie beim Texten und der grafischen Gestaltung besonders hervor.

Beschränken Sie sich auf ein oder zwei Vorteile und untermauern Sie sie mit greifbaren Daten und Fakten.

Beispiele

Kostenreduktion.

Ihr Produkt hilft dem Anwender, Geld zu sparen? Dann halten Sie nicht mit aussagekräftigen Zahlen und Statistiken hinterm Berg. Wählen Sie für die Fallstudie einen Kunden, der für die Mehrheit der Anwender steht und veranschaulichen Sie, was an Kosteneinsparungen möglich ist.

Return on Investment.

Wie schnell amortisiert sich Ihr Produkt? Rechnen Sie vor, wie rasch sich die Investition auszahlt und welche Erträge zu erwarten sind.

Implementierung.

Manchmal ist den potenziellen Kunden der Produktnutzen klar, aber sie fürchten aufwändige und teure Umstellungen im Unternehmen – etwa, wenn ein neues Softwaresystem eingesetzt werden soll. Anhand von Fallstudien lässt sich zeigen, wie schnell und problemlos die Implementierung über die Bühne geht.

Mit Emotionen arbeiten

Die Gefühle der Leser ansprechen.

In gewissem Sinne sind Fallstudien Heldengeschichten: Wie der Held in einem Märchen hat ein Unternehmen mit einer bestimmten Aufgabe, einer Herausforderung zu kämpfen, muss nach einer geeigneten Lösung suchen, sie richtig anwenden und darf sich dann als Sieger feiern lassen. Es geht also um Findigkeit und Mut, um den Willen, schwierige Hindernisse zu überwinden.

Schon allein dieses archetypische Erzählmuster wirkt ansprechend auf den Leser. Und Sie können diese Wirkung noch verstärken, indem Sie die Fallstudie so weit wie möglich personalisieren. Geben Sie dem „Helden" Ihrer Geschichte ein Gesicht, erzählen Sie nicht nur von abstrakten Unternehmen und Produkten.

So kann sich der Leser noch besser mit dem Thema der Case Study identifizieren und fühlt sich auch auf emotionaler Ebene angesprochen. Die Fallstudie bleibt ihm stärker in Erinnerung – und damit auch Sie als Anbieter.

Tipps

Herausforderungen beschreiben.

Ein Erfolg wirkt umso beeindruckender und glaubwürdiger, je steiniger der Weg dahin war. Beschränken Sie sich daher nicht nur auf die Darstellung der Ausgangslage des Kunden; beschreiben Sie nicht nur seine ursprünglichen Probleme. Erzählen Sie auch von den Hindernissen, die Sie bei der Implementierung Ihres Produktes überwinden mussten, etwa enge Zeitpläne oder Widerstand bei den Mitarbeitern.

Einen Protagonisten wählen.

Der Held der Fallstudie ist nicht eine abstrakte Organisation, sondern deren Geschäftsführer, Produktionsleiter, Marketingverantwortliche etc. Das heißt: Sprechen Sie nicht immer nur vom „Unternehmen XY", sondern von jenen Unternehmensmitgliedern, die ein spezifisches Problem mit Ihrem Produkt gelöst haben. Beschreiben Sie diese Protagonisten kurz – so können sich die Leser ein besseres Bild machen und sich mit den Anwendern identifizieren.

Zitate bringen.

Lassen Sie den Kunden zu Wort kommen. Diese „O-Töne" vermitteln Nähe und Glaubwürdigkeit, denn sie stammen vom Anwender selbst und nicht vom Texter der Fallstudie. Optimal ist es, wenn in die Kundenstatements auch Gefühle einfließen – zum Beispiel die Erleichterung über eine gelungene Systemumstellung oder die Begeisterung über die einfache Anwendung Ihres Produkts.

Zitate einsetzen

Kunden sprechen lassen.

Zitate des Kunden sind unverzichtbar für Ihre Fallstudie. Sie machen den Text nicht nur glaubwürdiger und interessanter, sondern fügen auch eine menschliche Komponente hinzu, die den Leser auf persönlicher Ebene anspricht. Kundenmeinungen geben erfrischende Einblicke und stellen die Perspektive des Anwenders dar. Sie helfen, Bilder im Kopf des Lesers entstehen zu lassen – abseits von technisch-abstrakten Projektbeschreibungen. Außerdem werden Zitate oft zuerst gelesen und „ziehen" den Leser in die Fallstudie.

Bemühen Sie sich deshalb um brauchbare Aussagen von Ihrem Kunden. Fügen Sie sie in der richtigen Menge und an den richtigen Stellen in die Fallstudie ein.

Tipps

Auf die Aussagekraft achten.

„Wir waren mit der Betreuung durch SoftX sehr zufrieden." Ein ziemliches blasses Statement, oder? Versuchen Sie, so konkrete Aussagen wie möglich vom Kunden zu erhalten; fragen Sie nach, wenn der Kunde beim Interview nicht von sich aus Klartext spricht. Sie brauchen starke Zitate, die Informationen und Gefühle transportieren. Zum Beispiel: „In der heißen Phase waren die Techniker von SoftX rund um die Uhr erreichbar. Unsere Leute konnten sich jederzeit Unterstützung holen – ein sehr beruhigendes Gefühl." Achten Sie auch darauf, dass die Zitate nicht einfach nur den Fließtext wiederholen.

Nicht zu viel, nicht zu wenig.

Wenn Sie zu viele Zitate verwenden, verlieren sie an Wirkung – sie stechen nicht genug hervor. Wenn Sie zu wenige Kundenaussagen einfließen lassen, wirkt der Text eher dröge und schwerfällig. Als Faustregel gilt: Eine einseitige Fallstudie sollte eins bis drei Zitate enthalten; eine zweiseitige Erfolgsgeschichte etwa fünf bis sechs.

Strategisch verteilen.

Achten Sie auf einen ausgewogenen Einsatz der Kundenmeinungen – die Statements sollten sich gleichmäßig über die gesamte Fallstudie verteilen. Wichtig ist, dass Sie Zitate zu drei wichtigen Phasen einbauen: Ausgangssituation (Wie sah das zu lösende Problem aus? Welche Schwierigkeiten hat es bereitet?) – Entscheidung (Warum hat der Kunde gerade Ihr Produkt gewählt?) – Nutzen (Wo liegt der Hauptnutzen Ihres Produktes?).

Zitatgeber richtig auswählen.

Wenn sich Ihre Fallstudie an kaufmännische Entscheider richtet, dann zitieren Sie vorzugsweise den kaufmännischen Geschäftsführer oder ähnliche Funktionsträger. Wenn Techniker Ihre Zielgruppe sind, dann sind technische Experten optimale Zitatgeber. Bei komplexen Produkten können Sie den Entscheider, die Implementierer und die Anwender zitieren.

Nur echte Zitate.

Die Wirklichkeit sieht oft so aus: Der Kunde ist gestresst, findet keine Zeit für das Interview und bittet Sie, in seinem Namen ein paar Zitate zu verfassen: „Sie können das doch viel besser als ich" – „Ihnen fällt bestimmt was Passendes ein – Sie können sicher sein, dass ich Ihren Text absegne".

Das Problem: Der Leser merkt, wenn eine Aussage nicht vom Kunden selber stammt. Fremd getextete Zitate wirken konstruiert und glattgebügelt – und verlieren dadurch ihre Glaubwürdigkeit. Authentische Testimonials sind das Um und Auf einer Fallstudie.

Erklären Sie das Ihrem Kunden und versuchen Sie, ihn zu zitierfähigen Aussagen zu bewegen.

Nutzungsrechte klären.

Vereinbaren Sie mit dem Kunden, seine Zitate nicht nur in Zusammenhang mit der Fallstudie verwenden zu dürfen, sondern auch für Broschüren, Mailings, Kundenzeitschriften etc.

Subheads einfügen

Überschriften im Mini-Format.

Subheads helfen mit, Ihre Fallstudie in überschaubare, sinnvolle Einheiten zu gliedern – in der klassischen Case Study sind das Problem, Lösung und Ergebnis.

Zwischenüberschriften sind Ankerpunkte fürs Auge und bieten einen groben Überblick. Auch jene Leser, die die Fallstudie zunächst nur kurz überfliegen, können sich ein erstes Bild über die Inhalte machen.

Der Idealfall: Alleine aus Überschrift und Subheads erfährt der Leser die wichtigsten Aussagen Ihrer Fallstudie.

Tipps

Verschiedene Lesertypen ansprechen.

Manche Menschen – die „rationalen Analytiker" – werden Ihre Fallstudie sorgfältig von Anfang bis Ende durchlesen und sich sofort intensiv mit dem Text beschäftigen. Andere wiederum – die „emotionalen Impulsiven" – werden die Fallstudie zunächst rasch überfliegen („scannen") und erst dann entscheiden, ob sie tiefer in die Materie eintauchen. Mit der Kombination aus ausführlichem Fließtext und zusammenfassenden Subheads erreichen Sie beide Lesertypen.

Überschrift ergänzen.

Sie können Subheads auch direkt unter der Hauptüberschrift einfügen. Sie wirken dann wie eine Verlängerung bzw. Ergänzung der Headline. Die Subheadline verstärkt die Aussage der Headline, enthält vertiefende Infos und bildet gleichzeitig einen Übergang zum Fließtext.

Auf den Inhalt achten.

Vermeiden Sie Subheads, die zwar gut klingen, aber nichts mit dem Fließtext zu tun haben. Der Leser fühlt sich dann verwirrt und betrogen.

Subheads formulieren.

Für informative Zwischenüberschriften müssen Sie keine dichterischen Glanzleistungen vollbringen. Sie können ganz einfach nach folgendem Schema vorgehen:

Abschnittstitel: Zusammenfassung des Abschnittes

Also zum Beispiel:

Das Problem: Manuelle Dateneingabe zu langsam und fehleranfällig

Die Lösung: SoftXneo verbindet Kunden- und Lieferantensoftware

Das Ergebnis: Einfacher Datenaustausch, rasche Abläufe, fehlerfreie Kommunikation

Gut formulieren

Texten mit Stil.

Fallstudien sind weder Imagetexte noch technische Analysen. Sie sollen informieren, aber auf eine leicht verständliche und unterhaltsame Weise – ähnlich einem Magazinartikel.

Schreiben Sie daher wie ein Journalist, nicht wie ein Ingenieur oder Marketingmensch.

Bemühen Sie sich um einen klaren, einfachen Stil – die Leser werden es Ihnen danken.

Tipps

Verständlich.

Auch wenn Fallstudien sehr spezifisch sind – achten Sie auf eine verständliche Ausdrucksweise. Nicht immer sind Techniker Ihre Leserschaft; auch kaufmännische Entscheider, die nicht so sehr mit technischen Einzelheiten befasst sind, freuen sich über eine leicht lesbare Lektüre.

Das heißt auch: Ersetzen Sie Fremdwörter so oft wie möglich durch den deutschen Ausdruck. Denn auch wenn viele Fremdwörter mittlerweile in den täglichen Sprachgebrauch eingegangen sind: Deutsche Begriffe sind einfach verständlicher und erzeugen vor allem ein plastisches, erinnerbares Bild im Gehirn.

Ein paar Beispiele:

- Ergebnis statt Resultat
- untersuchen statt analysieren
- Werkzeuge statt Tools
- Aussichten statt Perspektiven
- einbauen statt installieren

Konkret.

Lassen Sie Zahlen sprechen. Je mehr Sie den Nutzen Ihres Produktes – also Einsparungen, Rentabilität etc. – quantifizieren können, umso vertrauenswürdiger werden Sie.

Das heißt: Konkretisieren Sie vage Aussagen, erklären Sie, was eine „maximale Ersparnis", eine „höhere Verfügbarkeit" oder eine „gesteigerte Effizienz" für den Kunden bedeuten.

Runden Sie Zahlen nicht; schreiben Sie statt „fast 60 Prozent" besser „58,7 Prozent" oder statt „mehr als verdoppelt" besser „um 108 Prozent gestiegen" – das wirkt glaubhafter.

Kurz.

Der Leser versteht kurze Sätze besser und schneller. Trennen Sie deshalb lange Sätze in kurze Einheiten. Doch Vorsicht: Übertreiben Sie es nicht, denn eine Kette aus ultrakurzen Sätzen wirkt zu gehetzt.

Finden Sie die richtige Mischung für ein angenehmes Lesetempo. Sprechen Sie Ihre Sätze einfach mal laut vor sich hin und beobachten Sie, wie es um Verständlichkeit und Geschwindigkeit bestellt ist. Und fügen Sie – wenn nötig – zu kurze Sätze wieder zusammen.

Gestalten Sie auch die Absätze kurz. Denn lange Textblöcke signalisieren: Achtung, dieser Text ist schwer zu lesen.

Aktiv.

Wandeln Sie Passivsätze in Aktivsätze um. Denn Passivkonstruktionen wirken unpersönlich, distanziert und schwerfällig – die aktive Variante dagegen ist freundlicher und dynamischer.

Zum Beispiel statt „Die Anlage wird von unseren Mitarbeitern entwickelt" besser „Unsere Mitarbeiter entwickeln die Anlage".

Aussagekräftig.

Manche Zeitwörter sind typisch für Beamten- und Technokratendeutsch – so genannte tote Verben wie „sich befinden", „aufweisen", „vornehmen", „unterziehen" oder „erfolgen".

Ersetzen Sie diese blassen, nichts sagenden Verben durch treffendere Ausdrücke. Schreiben Sie zum Beispiel statt „Die Flüssigkeit weist einen pH-Wert von 6,5 auf" besser „Die Flüssigkeit hat einen pH-Wert von 6,5".

Dynamisch.

Vergleichen Sie mal:

Die Durchführbarkeit der Marktdaten-Erhebung ist in der jetzigen Situation nicht mit Sicherheit zu eruieren.

und

Derzeit ist es nicht sicher, ob wir die Marktdaten erheben können.

Die erste Variante klingt schwerfällig, getragen und unnötig aufgebläht. Die zweite Variante ist klar, dynamisch und schon beim ersten Durchlesen problemlos verständlich.

Vermeiden Sie daher Substantivierungen – also Nomen, die von Zeitwörtern abgeleitet sind und typischerweise auf folgende Silben enden:

-keit
-ung
-ion
-ät
-heit
-ismus

Dröseln Sie diese Hauptwörter auf, verwenden Sie stattdessen die entsprechenden Verben.

Tipps fürs Layout

Fürs Auge optimieren.

Manche Leser werden Ihre Fallstudie Wort für Wort lesen, andere werden sie (zunächst) lediglich überfliegen und versuchen, die wichtigsten Aussagen herauszufiltern.

Gestalten Sie deshalb Ihre Case Study so, dass sie beide Lesertypen zufriedenstellt. Layouten Sie den Fließtext so, dass er angenehm zu lesen ist; stellen Sie die zentralen Punkte optisch heraus.

Tipps

Subheads einsetzen.

Zwischenüberschriften erleichtern den Lesern das Scannen; zusammen mit der Info aus der Headline erfahren Ihre Leser, worum's geht und ob sich das Lesen des Fließtextes lohnt. Mit Subheadlines lockern Sie auch den Fließtext auf und gliedern ihn in sinnvolle, überschaubare, in sich abgeschlossene Einheiten. Der Leser kann sich besser orientieren und Zusammenhänge herstellen.

Text hervorheben.

Nutzen Sie Aufzählungen und Listen, heben Sie wichtige Sätze mit Fettschrift hervor – besonders, wenn es um Vorteile und Nutzen geht. So erleichtern Sie das Lesen; wichtige Aussagen bleiben hängen.

Zitate herausstellen.

Wählen Sie ein oder zwei Kundenzitate, die besonders bildhaft und ansprechend sind und den zentralen Nutzen Ihrer Leistung betonen. Machen Sie sie zu einem „Hingucker" – etwa, indem Sie sie in großer Schrift formatieren oder in der Seitenleiste wiederholen.

Kästen verwenden.

Packen Sie wichtige Stichwörter, Erklärungen oder Details in separate Kästen. Hier können Sie auch Hintergrundinformationen unterbringen, die andernfalls den Lesefluss unterbrechen würden.

Diagramme nutzen.

Ergänzen Sie Ihre Aussagen zu Zahlen, Entwicklungen, Trends etc. mit einfachen Grafiken und Diagrammen. Sie helfen damit dem Leser, komplexe Zusammenhänge leichter zu verstehen.

Weißraum beachten.

Auch wenn es viel zu sagen gibt: Packen Sie die Fallstudie nicht zu voll. Halten Sie Ihre Absätze kurz, lockern Sie sie mit Fotos und Grafiken auf, überladen Sie die einzelnen Seiten nicht. Das Layout sollte signalisieren, dass die Fallstudie leicht und schnell zu lesen ist. Die Lektüre sollte nicht in Arbeit ausarten.

Konsistent layouten.

Lassen Sie Ihr Corporate Design auch in die grafische Gestaltung Ihrer Fallstudien einfließen. Das Layout von Case Studies sollte auf Ihre Marke einzahlen. Außerdem sollte jede Fallstudie im selben Design erscheinen – das bezieht sich auf die Schriftart ebenso wie auf die Gestaltung von Diagrammen und Zusammenfassungen.

Literatur

Compelling Cases: Making Your Customer Success Stories Work for You. A Roadmap for Marketing and PR Managers. o. O., 2005.

Content Marketing Institute / MarketingProfs: B2B Content Marketing: 2012 Benchmarks, Budgets & Trends. o. O., 2012.

Eccolo Media: 2011 B2B Technology Collateral Survey Report. San Francisco, 2011.

Handley, Ann/Chapman, C. C.: Content Rules – How to Create Killer Blogs, Podcasts, Videos, Ebooks, and Webinars (and More) that Engage Customers and Ignite your Business. Hoboken, 2010.

Hibbard, Casey: Stories That Sell. Turn Satisfied Customers into Your Most Powerful Sales & Marketing Asset. Boulder, 2009.

Kranz, Jonathan: Making Your Case. Everything You and Your Colleagues Need to Write Compelling, Lead-Generating Case Studies. San Francisco, 2009.

Internetquellen:

blog.greatwriting.com

designmodo.com

hightechcommunicator.typepad.com

ricwillmot.com

www.contentmarketinginstitute.com

www.ennclick.com

www.hoffmanmarcom.com

www.klariti.com

www.onlinesalesmessages.com

www.thatwhitepaperguy.com

www.storiesthatsellguide.com

Die Autorin

Ich arbeite als freie Werbetexterin, Journalistin und Fachautorin in Innsbruck – schon seit mehr als zehn Jahren. Meine Kunden sind Unternehmen, Agenturen und Verlage in den unterschiedlichsten Größen und Branchen: vom Pharmakonzern bis zur Lustermanufaktur, vom Tourismusverband bis zum Baumeister. In A, D, CH und I.

Seit 2010 verfasse ich eBooks zu den Themen Werbetext, Marketing und Bloggen. Sie sind schlanke Ratgeber für viel beschäftigte Praktiker: kompakt, Zeit sparend, sofort umsetzbar.

Noch ein paar Fakten:

Jahrgang 1974; promovierte Betriebswirtin; Praxiserfahrung in Banken, Handel und Unternehmensberatung; Mitglied des Markenmanagement-Netzwerkes brandpi.

Mehr ...

... Text- und Marketingwissen gibt's in meinem Newsletter (abonnieren auf www.textshop.biz/cat/index/sCategory/1181)

... nützliche Tipps finden Sie auch in meinem TextShop: www.textshop.biz

Fragen?

Ich bin gerne für Sie da: office@textshop.biz

www.ingramcontent.com/pod-product-compliance
Lightning Source LLC
Chambersburg PA
CBHW061518180526
45171CB00001B/228